PRZYGODY
FENKA
Znam swój adres
BEZPIECZEŃSTWO
AF364877

Dzisiaj jest wyjątkowy dzień. W Domu Kultury odbędzie się spotkanie z panem policjantem Nosorożcem. Zaproszone są wszystkie dzieci mieszkające w Słonecznej Krainie.

Fenek właśnie wyszedł przed dom i czeka na Maksa i jego mamę, która zgodziła się ich odprowadzić. Ooo! Już nadchodzą.

– Cześć, kotku! – krzyczy Fenek i biegnie w stronę kolegi.

– Dzień dobry pani – wita się z mamą przyjaciela, która odpowiada mu serdecznie.

POLICJA

Fenek i Maks łapią się za rączki i szybkim krokiem idą tuż przed mamą. Właściwie to prawie biegną. Nie zostało już wiele czasu do rozpoczęcia spotkania, a chłopcy bardzo nie chcieliby się spóźnić.

Nigdy jeszcze nie widzieli prawdziwego policjanta.

–Jak myślisz Maksiu, czy pan Nosorożec opowie nam o tym, jak łapie przestępców? – Fenek jest bardzo podekscytowany.

– Nie wiem, ale mam nadzieję, że pokaże nam swój pistolet! – kotek też już bardzo się niecierpliwi.

Kiedy docierają na miejsce, w sali jest już bardzo dużo dzieci. Fenek i Maks znają kilkoro z nich. Jest tu niedźwiadek Leon i dwie siostry żabki: Maja i Ala. Wszyscy siedzą na krzesełkach i o czymś między sobą rozmawiają. Chłopcy także zajmują miejsca.

Nagle otwierają się drzwi. Zapada zupełna cisza. Do sali pewnym krokiem wchodzi pan policjant Nosorożec. Oczy wszystkich dzieci są teraz na niego zwrócone. Fenek i Maks właśnie tak wyobrażali sobie policjanta. Jest wysoki, dobrze zbudowany i ma wspaniały granatowy mundur oraz czapkę.

Policz, ile dzieci przyszło na spotkanie z panem policjantem.

– Witajcie, dzieci! – policjant wita się ze wszystkimi zgromadzonymi uśmiechem.

– Dzień dobry, panie Nosorożcu! – maluchy zgodnie odpowiadają chórem.

Fenek i Maks są zachwyceni. Pan policjant opowiada im o swojej pracy, o łapaniu złodziei i innych przestępców. Pokazuje także odznaki. Dzieci nie mogą wyjść z zachwytu.

– Kiedy dorosnę, zostanę policjantem – szepcze Fenek do Maksa i w jednej chwili zapomina, że jeszcze wczoraj chciał zostać lekarzem.

– Kochane dzieci, jestem tu dzisiaj, żeby
opowiedzieć wam jeszcze o czymś –
kontynuuje policjant.

– Zbliżają się wakacje, czas zabawy
i radości. Musicie jednak pamiętać, że jest
to okres, kiedy trzeba bardzo dbać
o swoje bezpieczeństwo. Czy wiecie, jakie
zagrożenia mogą czyhać na was podczas
wakacyjnych wyjazdów?

Do góry wędruje całe mnóstwo małych
rączek. Każdy chciałby coś powiedzieć.
– Proszę niedźwiadku – mówi policjant,
wskazując na chłopca dłonią.

– Booo… mama mówiła, że gdy mocno
świeci słońce to łatwo może nas poparzyć
i dlatego trzeba używać kremu z filtrem
– odpowiada niedźwiadek dumny z siebie.

 Następnie głos zabiera kotek Maks.

– Mój tata mówi, że podczas letnich
kąpieli w morzu można wpaść pod wodę.
Dlatego nie wolno zapomnieć o założeniu
dmuchanego koła – mówi poważnie Maks.
– Ja mam koło z rybkami! – dodaje po
chwili uśmiechnięty od ucha do ucha.

– Wspaniale, kotku – pan policjant jest
pod wrażeniem wiedzy, jaką posiadają
maluchy.

Dlaczego powinniśmy używać kremu z filtrem?

PAMIĄTKI

– Pozwólcie, że powiem wam o jeszcze jednym niebezpieczeństwie – mówi poważnie. Wszystkie dzieci natychmiast zamieniają się w słuch.

– Podczas wakacyjnych wyjazdów, kiedy jesteśmy w nowych miejscach, pełnych turystów, bardzo łatwo jest się zgubić – kontynuuje pan Nosorożec.

Dzieci mają przestraszone miny. Żadne z nich nie chciałoby się zgubić.
Pan policjant widząc to, dodaje szybko:

– Zdradzę wam jednak pewien sposób, który bardzo ułatwi znalezienie rodziców, gdyby przypadkiem zdarzyło wam się zgubić.

ul. Ciepła 35

– Wystarczy umieć się przedstawić i podać własny adres – mówi z uśmiechem. Czy ktoś z was już to potrafi? – pyta.

Wśród dzieci widać jedną podniesioną do góry rączkę. Hmm… czyja to ręka? Tak! Macie rację, to ręka Fenka.

– Nazywam się Fenek, a mój adres to Słoneczna Kraina, ulica Ciepła 35 – odpowiada chłopiec. Jest teraz z siebie bardzo dumny.

Pan policjant także jest pod wrażeniem. Fenek ma przecież dopiero cztery lata.

– Widzicie, wasz kolega już to potrafi. Proszę, abyście wszyscy po powrocie do domu poprosili rodziców o pomoc w nauce własnego adresu – mówi pan Nosorożec.

– To będzie wasze zadanie domowe – dodaje. – A teraz myślę, że waszemu koledze należą się duże brawa!

W sali rozlegają się głośne oklaski, a Fenek uśmiecha się od ucha do ucha.

– Warto jest znać własny adres, nie tylko kiedy się zgubimy – myśli zadowolony i podskakuje z radości.

Naucz pociechę adresu zamieszkania. Powtarzajcie go każdego dnia dla utrwalenia. Porozmawiajcie o tym, co należy zrobić w przypadku zgubienia się, oraz o tym, jak tego uniknąć. Wyszukajcie w Internecie zdjęcia policjantów w mundurach lub wybierzcie się na pobliski posterunek. Wykonajcie z pudełek po zapałkach policyjne radiowozy.

– dowie się, na czym polega praca policjanta oraz jak wygląda jego mundur;

– pozna niektóre z niebezpieczeństw występujących podczas wakacji;

– dowie się, dlaczego warto znać własny adres;

– nauczy się, jak należy się zachować, kiedy się zgubi.

Wskaż, którą drogą należy jechać,
żeby dotrzeć do domu Fenka?

Poznawaj rosnący świat książe
serii "Przygody Fenka
Ciesz się najnowszymi i nadchodzącymi
przygodami i mnóstwem bezpłatnych zasobów
Czy masz któraś z tych niesamowitych przygód?
POLECANE PRZEZ PEDAGOGÓW I PSYCHOLOGÓW
EMOCJE
OSOBOWOŚĆ
Złość
Strach
Zazdrość
Wdzięczność
Wzruszenie
Ufność
Wyrzuty sumienia
Tęsknota
Duma
Nieśmiałość
Przyjaźń
Miłość
Samotność
Szczypanie
Skarżenie
Samoocena
Śmierć w rodzinie
Adopcja
To moje ciało
Rozstanie rodziców
Proszę
Przepraszam
Dziękuję
Pozdrowienia
Cierpliwość
Odpowiedzialność
Odwaga
Szacunek
Prawdomówność
Asertywność
Bezinteresowność
Kreatywność
Uczciwość
Planowanie
Punktualność
Spostrzegawczość
Wytrwałość
Samodzielność
Empatia
Lenistwo
Jesteśmy sobie potrzebni
Kłopoty ze słowami
Moje okulary
Nowy kolega

BEZPIECZEŃSTWO I ŚRODOWISKO

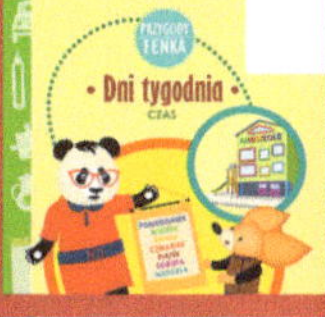

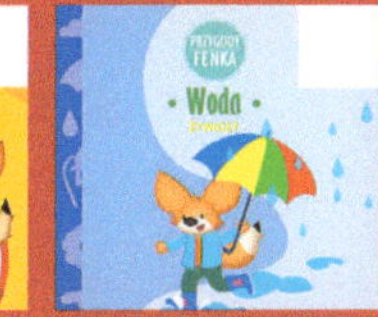

CIAŁO I ZDROWIE

Co nowego?
sprawdź na www.fenek.com

DOBRE ZACHOWANIE

MIEJSCA I WYDARZENIA